Ein Weihnachtsrätsel

Um Enigma de Natal

Glória de Oliveira Frank

Um enigma em português / Ein Rätsel auf Portugiesisch

zweisprachig

Europäischer Referenzrahmen A2

Reichert Verlag Wiesbaden

Ich schrieb diese kleine Geschichte über Loyalität für meine Söhne als sie klein waren, aus purer Freude am Schreiben. Mittlerweile sind einige Jahre vergangen und erst jetzt beschloss ich, sie zu veröffentlichen, weil meine Schüler mich dazu animiert haben. Hier ist sie, ohne dass sie komplett neu strukturiert wurde, denn sonst hätte sie den Charakter einer einfach aus Spaß und frei von irgendwelchen Zwängen geschriebenen Geschichte verloren. Es ist eine Geschichte für „Groß und Klein": nicht nur für meine Kinder, sondern auch für alle meine Freunde.

Escrevi esta pequena história sobre lealdade para os meus filhos, quando eles eram crianças, só pelo prazer de escrever. Entretanto os anos passaram. Resolvi publicá-la agora porque os meus alunos me entusiasmaram a isso. Aqui está ela, sem ter sido restruturada por completo, pois com isso teria perdido a qualidade de ter sido escrita pura e simplesmente por gosto, sem qualquer obrigação de público ou de editora. É uma historinha para "miúdos e graúdos": não só para os meus filhos, mas também para todos os meus amigos.

Glória de Oliveira Frank

Illustrationen: Helena Vilas Boas

Audiodatei unter
www.reichert-verlag.de
Sprecherin: Glória de Oliveira Frank

kostenfreier Download

Bibliografische Information der Deutschen Nationalbibliothek
Die Deutsche Nationalbibliothek verzeichnet diese Publikation in der Deutschen Nationalbibliografie; detaillierte bibliografische Daten sind im Internet über http://dnb.dnb.de abrufbar.

© 2015 Dr. Ludwig Reichert Verlag Wiesbaden
ISBN: 978-3-95490-089-3
www.reichert-verlag.de
Gedruckt auf säurefreiem Papier
(alterungsbeständig – pH7, neutral)
Printed in Germany

Prefácio *Vorwort*

Der Leser steht vor einem Rätsel: Warum sind die Edelsteine aus Brasilien in der Werkstatt noch nicht eingetroffen? Der Lieferant ist zuverlässig, es handelt sich nämlich um einen Häuptling eines Stammes von Indios aus Brasilien, also es ist etwas Schlimmes passiert. Man muss schnell etwas unternehmen: einen Plan schmieden, zusammenarbeiten und gegenseitig aufeinander zählen. Außerdem geht es um wesentliche Themen ökologischer Art.

Índice *Inhalt*

I

Es ist noch nicht so lange her, da näherte sich Weihnachten. Es fehlten nur noch zwei Tage, lediglich 48 Stunden bis zur Bescherung. Wie üblich, konnten die Kinder es kaum erwarten, all die vielen Geschenke auszupacken, die sie sich vom Weihnachtsmann alle Jahre wieder wünschten.

Apropos Weihnachtsmann, wo war er überhaupt? – Ganz weit weg, am Nordpol, da wo der Schnee im Licht so schön glitzert, ja, genau da war er in seinem gemütlichen Haus. Er saß gerade auf seinem Schaukelstuhl vor dem Kamin und dachte nach. Irgendwie wirkte er unruhig, was überhaupt nicht zu ihm passte. Er hatte zwar fast alles für Weihnachten vorbereitet, dennoch fehlte ihm noch etwas Wichtiges: Die Plüschtiger waren noch nicht ganz fertig. Die Steine, die als Augen für die Tiger dienen sollten, waren noch nicht eingetroffen. Es handelte sich nämlich um ganz besondere grüne Edelsteine – Smaragde aus Brasilien. Sie hätten längst da sein sollen, aber leider wusste niemand, wo sie blieben.

Es ist nämlich so, dass vor vielen Jahren (und das ist eine andere Geschichte) ein Häuptling der Ianomamis – so heißt ein Stamm von Indios, der ein großes Gebiet von Brasilien bewohnt – also dieser besagte Häuptling hatte damals dem Weihnachtsmann versprochen, ihm jedes Jahr einige Smaragde aus seiner Mine zu schenken. Auf dieser Art wollte er sich beim Weihnachtsmann für einen Gefallen bedanken. Die Edelsteine sollten ausschließlich für die Augen der Plüschtiger verwendet werden. Seitdem bekam der Weihnachtsmann die Smaragde immer rechtzeitig geliefert. Dieses Jahr aber nicht.

Was war überhaupt passiert? Ob den Indios etwas Schlimmes zugestoßen war? Bisher hatte niemand, außer dem Weihnachtsmann, etwas von der Mine gehört. Könnte es sein, dass es irgendjemandem doch gelungen war, in das Land der Ianomamis einzudringen und das Geheimnis zu lüften? Das allerdings wäre ein großes Unglück für die Ureinwohner und für die Natur gewesen. Fremde würden alles zerstören, um die Mine auszubeuten. Aus lauter Geldgier würden sie keine Rücksicht auf niemand und nichts nehmen. Oh, was für ein Alptraum! Andererseits, die Mine lag so schön versteckt … Unmöglich, sie zu finden, oder? Der Weihnachtsmann dachte und dachte immer wieder nach. Er konnte sich vor lauter Müdigkeit kaum noch wach halten. Die Augen fielen ihm immer wieder zu.

I

1 Já lá vão uns anitos, mas não muitos, aproximava-se o Natal. Só faltavam dois dias (quarenta e oito horas apenas) para a véspera de Natal. Como de costume, as crianças estavam ansiosas por abrir os muitos e muitos presentes que tinham pedido ao Pai Natal, como fazem todos os anos.

2 Mas, a propósito, onde é que estava o Pai Natal? - Estava muito longe, no Polo Norte, onde a neve reluz tão linda ao brilho do Sol. Lá se encontrava o Pai Natal, na sua acolhedora casa. Estava sentado numa cadeira de baloiço à fogueira e muito pensativo. Contrariamente ao costume, dava a impressão de estar nervoso. Ele já tinha quase tudo preparado para o Natal, contudo faltava-lhe uma coisa importante: os tigres de peluche não estavam prontos. Ainda não tinham vindo as pedras para os olhos deles. Tratava-se de umas pedras preciosas, verdes, muito especiais, nomeadamente de esmeraldas do Brasil. Já deviam ter chegado há muito tempo mas, infelizmente, não se sabia por onde é que elas andavam.

3 É que, há muito tempo (e isto é outra história), um chefe da tribo dos Ianomamis - assim se chama uma tribo de Índios que vive numa grande região do Brasil - ora bem, esse chefe da tribo tinha prometido ao Pai Natal oferecer-lhe todos os anos algumas esmeraldas da sua mina. Queria, desta forma, agradecer um favor que o Pai Natal lhe tinha feito. As esmeraldas eram exclusivamente para os olhos dos tigres de peluche. Desde então, o Pai Natal tinha recebido as esmeraldas sempre a tempo. Só este ano é que não.

4 Afinal o que se passava? Teria acontecido alguma coisa aos Índios? Até ao momento ninguém fazia a mínima ideia da existência da mina, além do Pai Natal, claro. Teria alguém conseguido infiltrar-se no território dos Ianomamis e descoberto o segredo? Isso seria uma desgraça para os indígenas e para a natureza. Intrusos destruiriam tudo para poder explorar a mina. Cegos pela ganância do dinheiro, eles não teriam consideração por nada nem por ninguém. Ai, que pesadelo! Por outro lado, a mina estava tão escondida … Era impossível descobri-la, não era? O Pai Natal pensava e repensava. Estava a cair de sono. As pálpebras teimavam em cair.

II

Sehr weit weg von dem Land, in dem der Schnee im Licht glitzert, da, wo es immer warm ist, wo die Papageien in Freiheit fliegen dürfen, die Alligatoren in der Sonne dösen, die schönsten Blumen und die süßesten Früchte wachsen und gedeihen, in Brasilien, ganz tief im Urwald, befand sich die Mine, aus der der Weihnachtsmann üblicherweise die Smaragde bekam. Sie lag wirklich sehr versteckt mitten im Dorf der Indios.

Unzählig viele Jahre gelang es den Ianomamis glücklich und zufrieden nur unter sich und im Einklang mit der Natur zu leben. Jedoch, irgendwann, irgendwie, hat ein Dieb von der Mine erfahren. Keiner kann es sich erklären, wie das geschehen konnte, aber es war passiert. Begleitet von bewaffneten Männern hat der böse Mann die Mine in Besitz genommen und fing sofort an, sie auszubeuten. Rücksichtslos, was sonst? Er wollte nur noch reicher werden und alle Smaragde für sich alleine haben. Er ließ seine Männer für sich arbeiten. Die Indios wurden vertrieben und auch auf die Natur wurde absolut keine Rücksicht genommen. Es war furchtbar! Der Fluss gleich neben der Mine war total verschmutzt, die Fische starben, Schmetterlinge gab es mittlerweile keine mehr und all die anderen Tiere waren entweder geflohen oder tot. Es war alles so traurig, wie nur die Kinderaugen sein können, wenn sie Weihnachten keine Geschenke zu Gesicht bekommen.

II

Longe do lugar onde a neve brilha intensamente à luz do Sol, num país onde faz calor o ano inteiro, onde os papagaios voam em liberdade e os jacarés dormitam ao Sol, onde nascem as mais belas flores e crescem e amadurecem os mais deliciosos frutos, no Brasil, no fundo da Floresta Amazónica, lá se encontrava a mina da qual vinham as esmeraldas para o Pai Natal. Na verdade ela estava bem escondida, mesmo no sítio onde moravam os Índios.

Durante muitos e longos anos, os Ianomamis tinham vivido em paz e sossego, só entre eles e em comunhão com a natureza. Contudo, um dia, de forma enigmática, um gatuno tomou conhecimento da mina. Não se sabe como tal foi possível, mas o certo é que assim aconteceu. Acompanhado de homens armados, o malvado apoderou-se da mina e iniciou logo a sua exploração, sem escrúpulos nenhuns. O que ele queria era enriquecer ainda mais e ficar com as esmeraldas todas só para si; os homens tinham de trabalhar para ele. Os Índios foram escorraçados e ninguém tinha o mínimo de respeito pela natureza. Era um horror! O rio que corria ao lado da mina estava completamente poluído, os peixes tinham morrido, já não havia mais borboletas e os animais que não tinham fugido, tinham morrido. Era tudo tão triste como são os olhos de uma criança a quem o Pai Natal não traz presentes.

III

Erschrocken wachte der Weihnachtsmann auf. Jetzt war es ihm klar, warum die Smaragde nicht kamen: Wegen eines Diebes! „Dem werde ich eine Lektion erteilen", sagte sich der Weihnachtsmann entschlossen. „Ich muss mich aber sehr beeilen, damit mein Plan klappt". Er wusste, er konnte sich auf seine Helfer verlassen.

Sofort rief er seine beste Freundin bei der Polizei in der Hauptstadt Brasiliens – Brasilia – an (dabei freute er sich, dass er so gut Portugiesisch konnte). Die Polizistin verständigte sogleich die Kollegen der Urwaldwacht (so eine Art Forstpolizei) und daraufhin flogen vier Hubschrauber mit mehreren Polizistinnen und Polizisten in Richtung Mine. Es dauerte eine Weile, bis sie diese fanden, aber schließlich kamen sie an.

Tatsächlich, genau wie der Weihnachtsmann es im Traum gesehen hatte, stand der Dieb neben einem Haufen von Smaragden. Da keiner mit dem Einsatz der Polizei gerechnet hatte, war es kinderleicht, alle festzunehmen und die Edelsteine in ein ganz gutes Versteck in Sicherheit zu bringen. So weit so gut. Die Frage war jetzt, wie der Plan weiter fortschreiten sollte. Es gab keine Zeit zu verlieren. Die Smaragde mussten schnellstens zum Nordpol transportiert werden. Aber wie?

Plötzlich flogen Unmengen von bunten Aras über die Mine. Ein bisschen Zauberei war es schon, irgendwie … Auf jeden Fall ging es weiter. Die Polizisten handelten sofort: Sie banden kleine Säckchen mit Edelsteinen um den Hals der Vögel, die in Richtung Meer davonflogen. An der Küste angekommen, wurden sie von Delphinen erwartet, die die Edelsteine über den Atlantik brachten. An einem felsigen Strand, auf der anderen Seite des Ozeans, warteten schon einige Steinböcke, die den Transport übernahmen und die Berge überquerten. Anschließend übergaben sie die Steine den Papageientauchern. So erreichten sie den Nordpol. Der Rest des Weges bis zum Weihnachtsmann war selbstverständlich Aufgabe der Rentiere. Endlich kam die wertvolle Fracht ans Ziel.

III

O Pai Natal acordou assustado. Agora compreendia a razão pela qual as esmeraldas ainda não tinham chegado: por causa dum ladrão! "Deixa estar que te vou dar uma lição", disse ele a si próprio de forma decidida. "Tenho é de me despachar para que o meu plano dê certo". Ele sabia bem que podia depositar confiança nos seus prestáveis amigos.

Telefonou imediatamente à melhor amiga brasileira que tinha na esquadra da polícia da capital – Brasília (ficou todo contente por falar tão bem português). A toda a pressa, a polícia entrou em contacto com os colegas da vigilância da selva (um género de guarda florestal) e logo a seguir partiram quatro helicópteros com agentes da polícia, homens e mulheres, em direção à mina. Demorou o seu tempo até que, por fim, a encontraram.

Realmente, tal e qual como o Pai Natal tinha visto no seu sonho, lá estava o ladrão mesmo ao lado dum montão de esmeraldas. Como ninguém contava com a intervenção da polícia, foi facílimo prendê-los todos e levar as esmeraldas para um sítio bem escondido e seguro. Bom, até aqui tudo bem, agora a questão era como andar com o plano para a frente. Não havia tempo a perder. As esmeraldas tinham de ser transportadas rapidamente para o Polo Norte. Mas como?

De súbito, uma grande quantidade de araras de várias cores começou a sobrevoar a mina. Como que por artes mágicas, digamos ... De qualquer forma, continuou-se o trabalho. Os polícias reagiram de imediato: ataram saquinhos com esmeraldas ao pescoço das aves que voaram logo em direção ao mar. Quando estas chegaram à costa, já lá estavam à espera delas uns golfinhos, que, por sua vez, atravessaram o Atlântico, levando consigo as pedras preciosas. Do outro lado do Oceano, numa praia rochosa, esperavam por eles uns cabritos-monteses que assumiram o transporte através das montanhas. No final, estes entregaram as esmeraldas aos papagaios-do-mar. E foi deste modo que elas chegaram ao Polo Norte. O resto do caminho até ao Pai Natal foi, evidentemente, tarefa das renas. Assim alcançaram as pedras preciosas, finalmente, o seu destino.

IV

Mittlerweile war es schon der 24. Dezember mittags. Jetzt war es ein Wettkampf mit der Zeit. Die Plüschtiger bekamen blitzschnell ihre Augen. Es ging doch alles ruck-zuck – war es wieder Zauberei? Auf jeden Fall wurden auch die Tiger mit den anderen Geschenken auf dem Schlitten verstaut. Schon fuhr der Weihnachtsmann los, von Stadt zu Stadt. Es gelang ihm gerade noch rechtzeitig, alles zu verteilen.

Als der Schlitten leer war, fühlte sich der Weihnachtsmann so müde wie noch nie, aber glücklicher als sonst. Dank seiner Helfer und deren Entschlossenheit und nicht zuletzt, weil der Weihnachtsmann seinen Willen immer wieder durchsetzt, hatte sein Plan funktioniert. Wären die Kinder nicht so beschäftigt mit dem Auspacken, hätten sie am Himmel die Botschaft des Weihnachtsmannes gelesen, als er nach Hause zu-rückfuhr. Mit Tausenden von Sternen schrieb er mit schöner Schrift: ***Frohe Weihnacht, Feliz Natal.*** Die Indios und ihre Freunde verstanden jeden Stern als einen Gruß vom Weihnachtsmann.

IV

11 Entretanto já era meio-dia do 24 de dezembro. Agora tinha de se lutar contra o tempo. Foi num abrir e fechar de olhos que os tigres de peluche ficaram com olhos. Aconteceu tudo num ápice - teria sido outra vez algo de magia? De qualquer maneira, os tigres foram colocados no trenó juntamente com os outros brinquedos. E nisto o Pai Natal já partia, percorrendo uma cidade a seguir à outra. Foi tudo à última da hora, mas conseguiu distribuir os presentes todos.

12 O trenó estava vazio, o Pai Natal mais cansado do que nunca, mas ainda mais feliz. Graças aos seus amigos resolutos, mas também porque o Pai Natal leva as suas intenções sempre a cabo, o seu plano tinha dado bom resultado. As crianças estavam entretidas a desembrulhar os presentes, senão tinham lido a mensagem que ele deixou no firmamento ao regressar a casa. Com milhares de estrelas e com letra bonita ele tinha escrito*: Feliz Natal*. Os Índios e os seus amigos interpretaram em cada estrela uma saudação do Pai Natal.

Suplemento de exercícios

I) Expressões do dia a dia: Português / Alemão

Cap. I:

Já lá vão uns anitos, mas não muitos: es ist noch nicht so lange her
como de costume: wie üblich
estar ansioso por: es kaum erwarten können
a propósito: apropos
dar a impressão: aussehen, den Eindruck geben
faltar qualquer coisa: etwas fehlen
uma coisa importante: etwas Wichtiges
estar pronto: fertig sein
tratar-se de: sich handeln um
não se sabe: man weißt es nicht
é que, há muito tempo: es ist nämlich so, dass vor vielen Jahren
ora bem, ...: also, ...
todos os anos: jedes Jahr
desta forma: auf dieser Art
agradecer um favor: sich für einen Gefallen bedanken
ser uma desgraça: ein großes Unglück sein
(cego) pela ganância do dinheiro: (blind) aus lauter Geldgier
ai que pesadelo!: oh, was für ein Alptraum!
por outro lado: andererseits
pensar e repensar: immer wieder nachdenken

Cap. II:

na verdade = realmente: wirklich
muitos e longos anos: unzählig viele Jahre
viver em paz e sossego: glücklich und zufrieden / friedlich leben
tomar conhecimento de qualquer coisa: von etwas erfahren
apoderar-se de qualquer coisa: etwas in Besitz nehmen
ser escorraçado: vertrieben werden
não haver mais: nicht mehr geben

Cap. III:

por causa de: wegen
dar uma lição a alguém: jemandem eine Lektion erteilen
despachar-se: sich beeilen
dar certo: klappen
depositar confiança em alguém: sich auf jemanden verlassen
entrar em contacto com alguém: jemanden verständigen, kontaktieren
tal e qual como: genau wie
contar com qualquer coisa: mit etwas rechnen
ser a questão: die Frage sein

não haver tempo a perder: keine Zeit zu verlieren geben
de qualquer forma: auf jeden Fall
em direção a: in Richtung
assumir o transporte: den Transport übernehmen
deste modo = assim: so

Cap. IV:
entretanto: mittlerweile
lutar contra o tempo: ein Wettkampf mit der Zeit sein
num abrir e fechar de olhos = muito rápido: blitzschnell
num ápice = muito rápido: ruckzuck
de qualquer maneira: auf jeden Fall
à última da hora: gerade noch rechtzeitig, in der letzten Minute
graças a alguém: dank jemandem
levar a cabo as suas intenções: seinen Willen durchsetzen
dar resultado: funktionieren

II) Exercícios de compreensão de leitura, interpretação, gramática e vocabulário

Capítulo I

A. Para começar, quatro frases. Escolha a resposta certa:

1) O Pai Natal a) estava tranquilo.
   b) ainda tinha muito tempo até ao Natal.
   c) estava muito longe, no Polo Norte.

2) O chefe da tribo dos Ianomamis
   a) oferecia pedras preciosas ao Pai Natal duas vezes por ano.
   b) mandava esmeraldas ao Pai Natal uma vez por ano.
   c) oferecia as pedras para os olhos dos ursos de peluche.

3) A mina de esmeraldas
   a) era bem conhecida.
   b) era desconhecida e só o Pai Natal sabia da sua existência.
   c) não era segredo para ninguém.

4) A mina a) estava bem escondida.
   b) já tinha sido descoberta há muitos anos.
   c) era fácil de encontrar.

B. Substitua o infinitivo pelo tempo correto: imperfeito ou perfeito?

1) Já só (faltar) .... quarenta e oito horas para a véspera de Natal.
2) Como de costume, as crianças (estar) .... ansiosas por receber os presentes.
3) Como sempre, o Pai Natal (estar) .... ocupado com os presentes de Natal.
4) Ele já tinha quase tudo pronto, só lhe (faltar) .... uma coisa.

5) Certo dia, o Pai Natal (fazer) .... um favor aos Índios.

6) Certo dia, o chefe da tribo (prometer) .... ao Pai Natal oferecer-lhe esmeraldas.

7) Nunca ninguém tinha ouvido falar das esmeraldas, mas um dia um intruso (descobrir) .... a mina.

8) Desde o princípio, o ladrão das esmeraldas (começar) .... a destruir a natureza.

9) Na verdade, a mina (estar) .... bem escondida na floresta.

10) O Pai Natal (acabar) .... por adormecer, pois (estar) .... com muito sono.

C. Responda com frases completas:

1) Aproximava-se alguma data importante? Qual?

2) Quantos dias faltavam para o Natal?

3) As crianças estavam tranquilas? Porquê?

4) O que é que o Pai Natal estava a fazer na sua acolhedora casa?

5) Ele estava nervoso? Porquê?

6) Para que eram as esmeraldas brasileiras?

7) Porque é que o chefe da tribo oferecia esmeraldas ao Pai Natal?

8) A mina era bem conhecida?

9) Era fácil encontrar a mina? Porquê?

10) O que fazia o Pai Natal repetidas vezes? Ele adormeceu?

D. Encontre o par (traduzido) e sublinhe os pronomes:

1) Es ist noch nicht lange her, da näherte sich Weihnachten.

2) Wo war der Weihnachtsmann?

3) Der Weihnachtsmann war in seinem gemütlichen Haus.

4) Er hatte schon fast alles vorbereitet.

5) Etwas Wichtiges fehlte ihm.

6) Es handelte sich um Smaragde.

7) Die Indios hatten ihm etwas versprochen.

8) Er hatte versprochen, ihm Smaragde aus seiner Mine zu schenken.

9) Niemand hatte von der Mine gehört.

10) Die Mine lag so versteckt, dass es unmöglich wäre, sie zu finden.

11) Onde é que estava o Pai Natal?

12) Ele já tinha quase tudo preparado.

13) Os Índios tinham-lhe prometido uma coisa.

14) Já lá vão uns anitos, aproximava-se o Natal.

15) O Pai Natal estava na sua casa acolhedora.

16) Faltava-lhe uma coisa importante.

17) Ele tinha prometido oferecer-lhe esmeraldas da sua mina.

18) Tratava-se de esmeraldas.

19) A mina estava tão escondida que era impossível encontrá-la / descobri-la.

20) Ninguém tinha ouvido falar da mina.

E. Diga com palavras suas:

1) «As crianças estavam ansiosas por abrir os presentes».
2) «O Pai Natal dava a impressão de estar nervoso».
3) «Teria acontecido alguma coisa aos Índios»?
4) «Isso seria uma desgraça para os Índios e para a natureza».

Capítulo II

A. Para continuar, responda às seguintes perguntas de interpretação:

1) Onde se encontrava a mina das esmeraldas?
2) Como é descrito no texto o lugar onde se encontrava a mina?
3) Como tinham vivido os Ianomamis durante muitos anos?
4) Um dia um ladrão tomou conhecimento da mina. O que é que ele fez a seguir?
5) Porque é que o gatuno iniciou logo a exploração da mina?
6) Para quem eram agora as esmeraldas todas?
7) O que aconteceu aos Índios?
8) Que grandes mudanças houve na natureza?
9) Como ficou o rio?
10) O que aconteceu aos animais?

B. Encontre o par:

1) muitos e longos anos
2) eles tinham vivido em paz e sossego
3) um gatuno tomou conhecimento da mina
4) o intruso apoderou-se da mina
5) já não havia mais borboletas
6) sie hatten glücklich und zufrieden gelebt
7) unzählig viele Jahre
8) es gab keine Schmetterlinge mehr
9) ein Dieb hat von der Mine erfahren
10) der Fremde hat die Mine in Besitz genommen

C. Ponha no perfeito:

1) Eles (viver) .... sempre muito isolados.
2) Certo dia um gatuno (tomar) .... conhecimento da mina.
3) Ninguém sabe como isso (ser) .... possível.
4) Na verdade (acontecer) .... assim.
5) Os homens armados (chegar) .... juntamente com o ladrão das esmeraldas.
6) O gatuno (apoderar-se) .... logo da mina.
7) Ele (começar) .... imediatamente a explorar a mina.
8) O malvado (ficar) .... com as esmeraldas unicamente para si.
9) Os Índios (perder) .... tudo.
10) A natureza (sofrer) .... muito com a exploração da mina.

D. Qual é o contrário de:
1) em paz e sossego
2) não se sabe
3) assim aconteceu
4) era um horror

E. Resuma em poucas palavras o sonho do Pai Natal.

Capítulo III

A. Qual é a pergunta?
1) O Pai Natal acordou assustado.
2) O culpado era um ladrão.
3) O Pai Natal telefonou de imediato à sua melhor amiga da polícia brasileira.
4) A sua amiga reagiu logo, contactando com os colegas da vigilância da selva.
5) Demorou o seu tempo até que, por fim, os helicópteros encontraram a mina.
6) Os polícias prenderam os intrusos imediatamente.
7) As araras assumiram a primeira parte do transporte das esmeraldas.
8) Os golfinhos atravessaram o Atlântico com as pedras preciosas.
9) A seguir aos cabritos-monteses, os papagaios-do-mar continuaram o transporte.
10) No final, as renas levaram as esmeraldas até ao Pai Natal.

B. Como se diz em alemão?
1) Ele acordou assustado.
2) Por causa dum ladrão.
3) Tenho é de me despachar para que o meu plano dê certo.
4) Ele sabia que podia depositar confiança nos seus amigos.
5) Ele tinha uma amiga na polícia e telefonou-lhe.
6) Ninguém contava com a intervenção da polícia.
7) Foi facílimo prendê-los todos.
8) Não havia tempo a perder.
9) Foi deste modo que elas chegaram ao Polo Norte.
10) O resto do caminho até ao Pai Natal foi tarefa das renas.
11) Elas alcançaram assim o seu destino.

C. De acordo com o texto, complete com o devido advérbio:
1) O Pai Natal telefonou .... à sua amiga.
2) Ela reagiu ....
3) .... o Pai Natal falava português.
4) .... , um ladrão tinha-se apoderado das esmeraldas.
5) Correu tudo .... e prenderam o ladrão das esmeraldas.
6) Como de costume, os polícias reagiram ....
7) As araras compreenderam a sua tarefa e voaram .... em direção ao mar.

8) .... , os cabritos-monteses continuaram o transporte e atravessaram as montanhas.

9) .... , os papagaios-do-mar entregaram as esmeraldas às renas.

10) .... , as pedras alcançaram o seu destino.

D. Conte como foi o transporte das esmeraldas até ao seu destino.

E. Interpretação pessoal: o Pai Natal tinha inteira confiança nos seus amigos. Eles deram provas de lealdade? Explique.

Capítulo IV

A. Leia as seguintes definições do dicionário. Descubra a palavra correspondente à definição.

1) "Festa anual cristã em que se comemora o nascimento de Jesus Cristo".

2) "Dia imediatamente anterior a outro".

3) "Pedra preciosa, geralmente de cor verde, muito usada em joalharia".

4) "Depósito subterrâneo de minerais".

5) "Que gosta de ajudar".

6) "Aeronave que se desloca e sustenta no ar por meio de hélices horizontais".

7) "Ave de grande porte, com cauda larga e bico muito curvo e forte que a ajuda quando trepa".

8) "Mamífero aquático de tom cinzento, com focinho alongado e olhos pequenos, que vive nos mares temperados e quentes".

9) "Oceano que banha as costas ocidentais da Europa e da África e a costa oriental da América".

10) "Veículo sem rodas, próprio para deslizar sobre a neve e sobre o gelo".

B. Explique em português:

1) O trenó estava vazio, o Pai Natal mais cansado do que nunca, mas ainda mais feliz.

2) Graças aos seus amigos resolutos, mas também porque o Pai Natal leva as suas intenções sempre a cabo, o seu plano tinha dado bom resultado.

C. Faça um resumo do capítulo IV e dê a sua opinião pessoal relativamente ao fim da história.

D. Fale sobre uma personagem da história, não necessariamente a sua preferida.

E. Conhece o Brasil?
Escreva uma pequena composição sobre um tema relacionado com o Brasil.
Alternativa: Fale sobre a destruição da Floresta Amazónica ou sobre problemas ecológicos em geral.

III) Teste final

A. 1) Traduza, escreva a letra pedida e adivinhe a palavra-chave:
Geschenk: .... Escreva a terceira letra: ....
Weihnachten: .... Escreva a primeira letra: ....
Lektion: .... Escreva a segunda letra: ....
Weit (weg): .... Escreva a quarta letra: ....
Wichtig: .... Escreva a segunda letra: ....
Mine: .... Escreva a quarta letra: ....

Palavra-chave: ....

2) Escreva 10 frases no <u>imperfeito</u>, utilizando as seguintes palavras:
a) Só / faltar / quarenta e oito horas.
b) As crianças / já / estar / um pouco nervosas.
c) O Pai Natal / estar / muito longe.
d) Ele não / ter / tudo preparado.
e) As esmeraldas / ser / para os olhos dos tigres.
f) Ninguém / conhecer / a mina.
g) A mina / ficar / na Floresta Amazónica.
h) Ser difícil / encontrar a mina.
i) Já / ser / meio-dia.
j) Não / haver / tempo a perder.

3) Complete as expressões com a devida forma do pronome:
a) As flores são para (tu) ....
b) O vinho é para (o senhor) .... , senhor Almeida?
c) Sim, o vinho é para (eu) ....
d) Teresa, você vai (com + eu) .... à cidade?
e) Não, hoje não posso ir (com + você).................... .
f) Manuel, despacha-te porque não podemos começar o teste sem (tu)
   ....
g) Este é o meu lugar, D. Linda, e qual é o .... (lugar da senhora)?
h) Posso oferecer- .... (à senhora) um aperitivo, D. Ana?
i) Pode dar- .... (a mim) a chave do quarto 112, por favor?
j) Traduza- .... (a nós) a carta, por favor.

**B. 1) <u>Complete</u> as seguintes frases de acordo com o texto, <u>apoiando-se na sua</u>
<u>memória</u>:**
a) Já lá vão uns anitos, mas não muitos, ... o Natal. Só ....
   dois dias para a véspera de Natal. As crianças já .... ansiosas pelos
   presentes.
b) A propósito, onde é que .... o Pai Natal? - .... muito
   longe, no Polo Norte. Ele .... a impressão de estar nervoso. Ainda lhe
   .... uma coisa importante.

c) As pedras para os olhos dos tigres de peluche ainda não ....
.... -se de umas pedras especiais que o Pai Natal
.... sempre do chefe de uma tribo de Índios do Brasil.

d) No fundo da Floresta Amazónica .... a mina das esmeraldas. Ela
.... bem escondida, mesmo no sítio onde .... os Índios.

e) Certo dia, um gatuno .... conhecimento da mina e .... dela.
.... logo a sua exploração. Ele .... ficar com as esmeraldas todas só para si e não .... respeito por nada nem por ninguém.
.... um horror!

2) Escreva frases com o contrário de:

a) longe
b) muitos
c) infelizmente
d) sempre
e) alguém
f) destruir
g) impossível
h) calor
i) enriquecer
j) horrível

3) Complete com a <u>preposição e / ou com a forma contraída da preposição com o artigo:</u>

a) Ele estava sentado .... cadeira de baloiço.
b) Tratava-se .... umas pedras preciosas muito especiais.
c) A neve brilhava .... luz do Sol.
d) Os papagaios voavam .... liberdade.
e) Os Índios viviam .... paz.
f) Um gatuno tomou conhecimento .... mina.
g) O Pai Natal sonhou .... os seus amigos Índios.
h) O ladrão das esmeraldas não tinha respeito .... Índios.
i) O Pai Natal depositava confiança .... seus amigos.
j) Graças .... seus amigos tudo correu bem.

C. 1) Substitua o infinitivo pelo tempo correto: <u>perfeito ou imperfeito?</u>

a) Naqueles tempos, o Pai Natal (receber) .... todos os anos as esmeraldas do Brasil.

b) Antigamente, ninguém (conhecer) .... a mina.

c) Nessa altura os Índios (viver) .... felizes e despreocupados.

d) Certo dia um ladrão de esmeraldas (ouvir) .... falar da mina.

e) O malvado (começar) .... logo a explorar a mina.

f) Dois dias antes do Natal, o Pai Natal (sonhar) .... com os Índios.

g) Ele (ver) .... o gatuno nesse sonho e (compreender) ....
imediatamente o perigo.

h) Ele (pensar) .... logo numa solução.

2) Escreva o <u>substantivo com o respetivo artigo</u> no plural:

a) dia

b) cadeira de baloiço

c) impressão

d) tribo

e) região

f) razão

g) ladrão

h) lição

i) questão

j) cor

3) Qual é a pergunta?

a) Esta história passou-se há muitos anos.

b) A história começou no Polo Norte, mas desenrolou-se também no Brasil.

c) Dois dos temas mais importantes são a amizade e a lealdade.

d) Os Índios brasileiros eram bons amigos do Pai Natal.

e) O Pai Natal falava bem português.

f) Ele tinha uma amiga na esquadra da polícia da capital.

g) Os polícias não hesitaram em ajudar.

h) O plano funcionou muito bem.

i) As crianças receberam os presentes a horas.

j) O Pai Natal cumpriu a sua missão.

D. 1) Qual é o mais-que-perfeito?

a) eu / pedir

b) tu / encontrar

c) ele / conhecer

d) ela / ver

e) você / vir

f) nós / ter

g) vocês / abrir

h) eles / ir

i) elas / poder

j) alguém / saber

2) Explique o sentido:

a) como de costume

b) isso seria uma desgraça para os Índios

c) cegos pela ganância do dinheiro

d) as pálpebras teimavam em cair
e) em comunhão com a natureza

3) Qual é a palavra estranha?
a) Natal / dezembro / presentes / agosto
b) neve / Sol / água / mar
c) esmeraldas / diamantes / rubis / palmeiras
d) peixes / araras / papagaios / águias
e) helicóptero / avião / trenó / casa

E. 1) Ponha no futuro próximo (ir + infinitivo do verbo principal) e no futuro simples:
a) eu / pensar
b) tu / resolver
c) ele / telefonar
d) ela / organizar
e) você / reagir
f) nós / fazer
g) vocês / dar
h) eles / fugir
i) elas / prender
j) as crianças / receber

2) De acordo com o texto, complete com o pronome ou adjetivo correspondente:
a) .... os anos.
b) Estava quase .... preparado.
c) .... fazia ideia da existência da mina.
d) .... se tinha infiltrado no território.
e) Intrusos destruiriam ....
f) Não teriam consideração por .... nem por ....
g) Mas a mina estava .... escondida!
h) Ele queria as esmeraldas .... só para si.
i) Foi fácil prendê-los ....

3) Escreva o verbo com a respetiva preposição em português:
a) pensar ....
b) sonhar ....
c) ter consideração .... alguém
d) viver .... paz
e) apoderar-se .... algo
f) dizer .... si próprio
g) ir .... helicóptero
h) contar .... alguém ou algo
i) começar .... fazer qualquer coisa
j) estar .... espera de alguém

IV) Soluções dos exercícios e do teste final

Capítulo I

A. 1 c); 2 b); 3 b); 4 a)

B. 1) faltavam; 2) estavam; 3) estava; 4) faltava; 5) fez; 6) prometeu; 7) descobriu; 8) começou; 9) estava; 10) acabou, estava.

C. 1) Sim, aproximava-se o Natal.

2) Faltavam dois dias para o Natal.

3) Não, as crianças não estavam tranquilas, porque elas ansiavam a noite de Natal.

4) O Pai Natal estava a pensar, sentado numa cadeira de baloiço à fogueira.

5) Ele estava nervoso porque ainda não tinha tudo preparado para o Natal / não tinha os presentes prontos.

6) As esmeraldas brasileiras eram para os olhos dos tigres de peluche.

7) O chefe da tribo oferecia esmeraldas ao Pai Natal porque lhe queria agradecer um favor.

8) Não, a mina era desconhecida.

9) Não era fácil encontrar a mina porque ela estava bem escondida.

10) O Pai Natal pensava no problema e acabou por adormecer.

D. 1 – 14: -se; 2 – 11: onde; 3 – 15: sua; 4 – 12: tudo; 5 – 16: -lhe; 6 – 18: -se; 7 – 13: -lhe; 8 – 17: -lhe, sua; 9 – 20: ninguém; 10 – 19: tão, -la.

E. 1) As crianças já não tinham mais paciência (para esperar pelos presentes).

2) O Pai Natal parecia estar nervoso.

3) Teria havido algum problema com os Índios?

4) Isso seria horrível para os Índios e para a natureza.

Capítulo II

A. 1) A mina das esmeraldas encontrava-se no fundo da Floresta Amazónica.

2) O lugar onde se encontrava a mina é descrito como um sítio muito bonito.

3) Os Ianomamis tinham vivido sempre em paz e sossego.

4) O ladrão das esmeraldas apoderou-se da mina e começou logo a explorá-la.

5) Ele começou logo a explorar a mina porque queria enriquecer ainda mais.

6) As esmeraldas eram todas para o gatuno.

7) Os Índios foram escorraçados.

8) O meio ambiente ficou poluído e a natureza ficou completamente destruída.

9) O rio também ficou poluído.

10) Os animais ou morreram ou fugiram para outro lugar.

B. 1 – 7; 2 – 6; 3 – 9); 4 – 10; 5 – 8.

C. 1) viveram; 2) tomou; 3) foi; 4) aconteceu; 5) chegaram; 6) apoderou-se; 7) começou; 8) ficou; 9) perderam; 10) sofreu.

D. 1) desassossegado, inquieto; 2) sabe-se; 3) aconteceu de outra forma / maneira; 4) era maravilhoso.

E. O Pai Natal sonhou com um gatuno que tinha descoberto a mina das esmeraldas. Ele tinha-se apoderado dela, tinha escorraçado os Índios à força e, com a exploração da mina, tinha destruído a natureza.

Capítulo III

A. 1) Como acordou o Pai Natal?

2) Quem era o culpado do atraso das esmeraldas?

3) A quem telefonou imediatamente o Pai Natal?

4) Como reagiu a sua amiga / O que é que ela fez?

5) Os helicópteros encontraram logo a mina ou precisaram de bastante tempo para a encontrar?

6) O que fizeram os polícias imediatamente?

7) Quem iniciou o transporte das esmeraldas?

8) Quem transportou as pedras preciosas por mar?

9) Depois dos cabritos-monteses, que animais continuaram a tarefa do transporte?

10) Como alcançaram as esmeraldas, finalmente, o seu destino?

B. 1) Er wachte erschrocken auf.

2) Wegen eines Diebes.

3) Ich muss mich aber sehr beeilen, damit mein Plan klappt.

4) Er wusste, dass er sich auf seine Freunde verlassen konnte.

5) Er hatte eine Freundin bei der Polizei und hat sie angerufen.

6) Niemand rechnete mit dem Einsatz der Polizei.

7) Es war kinderleicht, sie alle festzunehmen.

8) Es gab keine Zeit zu verlieren.

9) So (auf dieser Art und Weise) erreichten sie den Nordpol / kamen sie an.

10) Der Rest des Weges bis zum Weihnachtsmann war Aufgabe der Rentiere.

11) So kamen sie ans Ziel / erreichten sie das Ziel.

C. 1) imediatamente; 2) depressa / apressadamente; 3) felizmente; 4) realmente; 5) bem; 6) imediatamente; 7) logo; 8) em seguida; 9) rapidamente / depois; 10) finalmente.

D. As araras levaram as esmeraldas até ao mar, onde uns golfinhos já esperavam por elas. Estes atravessaram o Oceano com as esmeraldas e, numa praia rochosa, entregaram-nas a uns cabritos-monteses, que, por sua vez, assumiram o transporte através das montanhas. No fim, os cabritos-monteses entregaram as pedras preciosas aos papagaios-do-mar e foi assim que elas atingiram o Polo Norte. No final, as renas levaram as esmeraldas até à casa do Pai Natal.

E. Sim, os amigos do Pai Natal deram provas de lealdade. O Pai Natal pediu-lhes ajuda e eles reagiram imediatamente, como fazem os verdadeiros amigos. Num trabalho coletivo, resolveram o problema.

Capítulo IV

A. 1) Natal, n.m.; 2) véspera, n.f.; 3) esmeralda, n.f.; 4) mina, n.f.; 5) prestável, adj.2g.; 6) helicóptero, n.m.; 7) arara, n.f.; 8) golfinho, n.m.; 9) Oceano Atlântico, n.m.; 10) trenó, n.m.

B. 1) O Pai Natal tinha feito a distribuição dos presentes muito à pressa, por isso ele estava extremamente cansado. Mas como no final tudo correu pelo melhor, ele ficou felicíssimo.

2) Os seus amigos ajudaram-no imediatamente e, além disso, o Pai Natal "não desiste às primeiras". Foi por isso que o seu plano funcionou.

C. Resumo

. Já faltavam poucas horas para a noite de Natal. Como que por magia, os tigres ficaram prontos, todos os brinquedos foram postos no trenó e o Pai Natal conseguiu distribuí-los a tempo. Felizmente, acabou tudo bem. Com estrelas, o Pai Natal escreveu uma mensagem no céu ao voltar para casa. Os Índios e os outros amigos interpretaram-na como uma sau-dação de um bom amigo.

. Só conta a opinião própria do aluno.

D. Como exemplo, o ladrão das esmeraldas

. O ladrão das esmeraldas apoderou-se da mina à mão armada. Ele só pensava no dinheiro e não tinha respeito por nada nem por ninguém. O seu único objetivo era ficar com as esmeraldas unicamente para si. Ele era um malvado, porque para ele nem os Índios nem a natureza tinham qualquer valor.

E. Este exercício também é pessoal.

Teste final

A. 1) a) presente; b) Natal; c) lição; d) longe; e) importante; f) mina. <u>Palavra-chave: enigma</u>

2) a) Só faltavam quarenta e oito horas (para a noite de Natal).

b) As crianças já estavam um pouco nervosas.

c) O Pai Natal estava muito longe.

d) Ele não tinha tudo preparado.

e) As esmeraldas eram para os olhos dos tigres (de peluche).

f) Ninguém conhecia a mina.

g) A mina ficava na Floresta Amazónica.

h) Era difícil encontrar a mina.

i) Já era meio-dia.

j) Não havia tempo a perder.

3) a) ti; b) si; c) mim; d) comigo; e) consigo; f) ti; g) seu; h) lhe; i) me; j) nos

B. 1) a) aproximava-se, faltavam, estavam; b) estava, estava, dava, faltava; c) tinham vindo / tinham chegado, tratava-se, recebia; d) encontrava-se, estava, moravam; e) tomou, apode-rou-se, iniciou, queria, tinha, era.

2) Por exemplo:

a) perto: A mina ficava perto dum rio.

b) poucos: Poucos animais sobreviveram.

c) felizmente: Felizmente, o Pai Natal tinha bons amigos.

d) nunca: Nunca se tinha ouvido falar da mina.

e) ninguém: Ninguém sabe como o ladrão das esmeraldas descobriu a mina.

f) construir: Os brasileiros construiram novos estádios de futebol.

g) possível: Será possível falar com o chefe da tribo?

h) frio: No inverno faz muito frio.

i) empobrecer: Muitas pessoas empobreceram com a crise europeia.

j) maravilhoso: A paisagem dos Açores é maravilhosa.

3) a) numa; b) de; c) à; d) em; e) em; f) da; g) com; h) pelos; i) nos; j) aos

C. 1) a) recebia; b) conhecia; c) viviam; d) ouviu; e) começou; f) sonhou; g) viu, compreendeu; h) pensou

2) a) os dias; b) as cadeiras de baloiço; c) as impressões; d) as tribos; e) as regiões; f) as ra-zões; g) os ladrões; h) as lições; i) as questões; j) as cores

3) a) Quando se passou esta história?

b) Onde se passou a história?

c) Quais são dois dos temas mais importantes da história?

d) Os Índios eram bons amigos de quem?

e) Como era o português do Pai Natal?

f) Onde é que o Pai Natal tinha uma amiga brasileira?

g) O que fizeram logo os polícias? / Como reagiram os polícias?

h) Como funcionou o plano?

i) As crianças receberam os presentes atrasados ou a horas?

j) Quem cumpriu a sua missão? / O que fez o Pai Natal?

D. 1) a) eu tinha pedido; b) tu tinhas encontrado; c) ele tinha conhecido; d) ela tinha visto; e) você tinha vindo; f) nós tínhamos tido; g) vocês tinham aberto; h) eles tinham ido; i) elas tinham podido; j) alguém tinha sabido

2) a) como sempre/habitualmente; b) isso seria muito mau para os Índios; c) a única coisa que contava para eles era o dinheiro; d) ele estava com muito sono; d) em harmonia com a natureza

3) a) agosto, porque não tem nada a ver com a época de Natal; b) Sol, porque não tem a ver com água; c) palmeiras, porque o resto são pedras preciosas; d) peixes, porque o resto são aves; e) casa, porque não é um meio de transporte.

E. 1) a) eu vou pensar / eu pensarei; b) tu vais resolver / tu resolverás; c) ele vai telefonar / ele telefonará; d) ela vai organizar / ela organizará; e) você vai reagir / você reagirá; f) nós vamos fazer / nós faremos; g) vocês vão dar / vocês darão; h) eles vão fugir / eles fugirão; i) elas vão prender / elas prenderão; j) as crianças vão receber / as crianças receberão

2) a) todos; b) tudo; c) ninguém; d) alguém; e) tudo; f) nada, ninguém; g) tão; h) todas; i) todos

3) a) pensar em; b) sonhar com; c) ter consideração por; d) viver em; e) apoderar-se de; f) dizer a; g) ir de; h) contar com; i) começar a fazer; j) estar à espera.

V) Tabelas de verbos

A. Tabela N° 1, verbos regulares

Verbos regulares da primeira, segunda e terceira conjugação: **-ar, -er, -ir**

1. INDICATIVO *(Indikativ = Wirklichkeitsform)*

a) Presente *(Präsens = Gegenwart)*

tom**ar**: eu tom**o**; tu tom**as**; ele/ela/você tom**a**; nós tom**amos**; vocês, eles/elas tom**am**

escrev**er**: eu escrev**o**; tu escrev**es**; ele/ela/você escrev**e**; nós escrev**emos**; vocês, eles/elas escrev**em**

part**ir**: eu part**o**; tu part**es**; ele/ela/você part**e**; nós part**imos**; vocês, eles/elas part**em**

Die Formen entsprechen dem deutschen: *ich nehme; ich schreibe; ich fahre weg, ab* usw.

b) Perfeito simples *(Perfekt = vollendete Vergangenheit)*

tom**ar**: eu tom**ei**; tu tom**aste**; ele/ela/você tom**ou**; nós tom**ámos**; vocês, eles/elas tom**aram**

escrev**er**: eu escrev**i**; tu escrev**este**; ele/ela/você escrev**eu**; nós escrev**emos**; vocês, eles/elas escrev**eram**

part**ir**: eu part**i**; tu part**iste**; ele/ela/você part**iu**; nós part**imos**; vocês, eles/elas part**iram**

Die Formen entsprechen dem deutschen: *ich habe genommen; ich habe geschrieben; ich bin weggefahren* usw.

c) Imperfeito *(Imperfekt = 1. Vergangenheit)*

tom**ar**: eu tom**ava**; tu tom**avas**; ele/ela/você tom**ava**; nós tom**ávamos**; vocês, eles/elas tom**avam**

escrev**er**: eu escrev**ia**; tu escrev**ias**; ele/ela/você escrev**ia**; nós escrev**íamos**; vocês, eles/elas escrev**iam**

part**ir**: eu part**ia**; tu part**ias**; ele/ela/você part**ia**; nós part**íamos**; vocês, eles/elas part**iam**

Die Formen entsprechen dem deutschen: *ich nahm; ich schrieb; ich fuhr weg* usw.

d) Mais-que-perfeito composto *(Plusquamperfekt = 3. Vergangenheit)*

tom**ar**: eu tinha tomado; tu tinhas tomado; ele/ela/você tinha tomado; nós tínhamos tomado; vocês, eles/elas tinham tomado

escrev**er**: eu tinha escrito; tu tinhas escrito; ele/ela/você tinha escrito; nós tínhamos escrito; vocês, eles/elas tinham escrito

part**ir**: eu tinha partido; tu tinhas partido; ele/ela/você tinha partido; nós tínhamos partido; vocês, eles/elas tinham partido

Die Formen entsprechen dem deutschen: *ich hatte genommen; ich hatte geschrieben; ich war weggefahren* usw.

e) Futuro *(Futur = Zukunft)*

tom**ar**: eu tomar**ei**; tu tomar**ás**; ele/ela/você tomar**á**; nós tomar**emos**; vocês, eles/elas tomar**ão**

escrev**er**: eu escrever**ei**; tu escrever**ás**; ele/ela/você escrever**á**; nós escrever**emos**; vocês, eles/elas escrever**ão**

part**ir**: eu partir**ei**; tu partir**ás**; ele/ela/você partir**á**; nós partir**emos**; vocês, eles/elas partir**ão**

Die Formen entsprechen dem deutschen: *ich werde nehmen; ich werde schreiben; ich werde wegfahren* usw.

Merke: In der Umgangssprache wird das Futur meistens durch eine periphrastische Form – Hilfs-
verb **ir** + Infinitiv des Hauptverbes – oder das Präsens (nahe Zukunft) ersetzt. Bsp.: **vou
tomar** bzw. **tomo** anstatt *tomarei;* **vou escrever** oder **escrevo** an Stelle von *escreverei* usw.

2. CONJUNTIVO (bras. subjuntivo; *Konjunktiv = Möglichkeitsform*)

a) Presente (*Präsens*)

tom**ar**: (que) eu tom**e**; tu tom**es**; ele/ela/você tom**e**; nós tom**emos**; vocês, eles/elas tom**em**

escrev**er**: (que) eu escrev**a**; tu escrev**as**; ele/ela/você escrev**a**; nós escrev**amos**; vocês, eles/elas
escrev**am**

part**ir**: (que) eu part**a**; tu part**as**; ele/ela/você part**a**; nós part**amos**; vocês, eles/elas part**am**

Die Formen entsprechen etwa dem deutschen: *ich möge nehmen / schreiben / wegfahren* usw.
bzw. auch *ich nehme, ich schreibe, ich fahre weg* usw.

3. CONDICIONAL *(Konditional = Bedingungsform)*

tom**ar**: eu tomar**ia**; tu tomar**ias**; ele/ela/você tomar**ia**; nós tomar**íamos**; vocês, eles/elas tomar**iam**

escrev**er**: eu escrever**ia**; tu escrever**ias**; ele/ela/você escrever**ia**; nós escrever**íamos**; vocês, eles/
elas escrever**iam**

part**ir**: eu partir**ia**; tu partir**ias**; ele/ela/você partir**ia**; nós partir**íamos**; vocês, eles/elas partir**iam**

Die Formen entsprechen dem deutschen: *ich würde nehmen; ich würde schreiben; ich würde
wegfahren* usw.

4. IMPERATIVO *(Imperativ = Befehlsform)*

tom**ar**:   Afirmativa: tom**a**! (tu); tom**e**! (você); tom**em**! (vocês)
                          Negativa: **não** tom**es**!; não tom**e**!; não tom**em**!

escrev**er**:   Afirmativa: escrev**e**! (tu); escrev**a**! (você); escrev**am**! (vocês)
                          Negativa: **não** escrev**as**!; não escrev**a**!; não escrev**am**!

part**ir**:   Afirmativa: part**e**! (tu); part**a**! (você); part**am**! (vocês)
                          Negativa: **não** part**as**!; não part**a**!; não part**am**!

Die Formen entsprechen dem deutschen:
nimm / nimm nicht; nehmen Sie / nehmen Sie nicht!
schreib / schreib nicht; schreiben Sie / schreiben Sie nicht!
fahr weg / fahr nicht weg; fahren Sie weg / fahren Sie nicht weg!

5. GERÚNDIO *(Gerundium = Verlaufsform)*

tom**ar**: tom**ando** *nehmend*
escrev**er**: escrev**endo** *schreibend*
part**ir**: part**indo** *weg fahrend*

B. Tabela N° 2, verbos irregulares

1. INDICATIVO

a) Presente

dar *(geben)*: eu dou; tu dás; ele/ela/você dá; nós damos; vocês, eles/elas dão

dizer *(sagen)*: eu digo; tu dizes; ele/ela/você diz; nós dizemos; vocês, eles/elas dizem

estar *(sein)*: eu estou; tu estás; ele/ela/você está; nós estamos; vocês, eles/elas estão

fazer *(machen, tun)*: eu faço; tu fazes; ele/ela/você faz; nós fazemos; vocês, eles/elas fazem

haver *(geben, unpersönlich)*: hei; hás; há; havemos; hão

ir *(gehen, fahren, fliegen)*: eu vou; tu vais; ele/ela/você vai; nós vamos; vocês, eles/elas vão

ouvir *(hören, zuhören)*: eu ouço; tu ouves; ele/ela/você ouve; nós ouvimos; vocês, eles/elas ouvem

poder *(können, dürfen)*: eu posso; tu podes; ele/ela/você pode; nós podemos; vocês, eles/elas podem

pôr *(legen, setzen, stellen)*: eu ponho; tu pões; ele/ela/você põe; nós pomos; vocês, eles/elas põem

querer *(wollen, lieben)*: eu quero; tu queres; ele/ela/você quer; nós queremos; vocês, eles/elas querem

saber *(wissen, können)*: eu sei; tu sabes; ele/ela/você sabe; nós sabemos; vocês, eles/elas sabem

ser *(sein)*: eu sou; tu és; ele/ela/você é; nós somos; vocês, eles/elas são

ter *(haben)*: eu tenho; tu tens; ele/ela/você tem; nós temos; vocês, eles/elas têm

ver *(sehen)*: eu vejo; tu vês; ele/ela/você vê; nós vemos; vocês, eles/elas veem

vir *(herkommen)*: eu venho; tu vens; ele/ela/você vem; nós vimos; vocês, eles/elas vêm

b) Perfeito

dar: eu dei; tu deste; ele/ela/você deu; nós demos; vocês, eles/elas deram

dizer: eu disse; tu disseste; ele/ela/você disse; nós dissemos; vocês, eles/elas disseram

estar: eu estive; tu estiveste; ele/ela/você esteve; nós estivemos; vocês, eles/elas estiveram

fazer: eu fiz; tu fizeste; ele/ela/você fez; nós fizemos; vocês, eles/elas fizeram

haver: houve; houveste; houve; houvemos; houveram

ir: eu fui; tu foste; ele/ela/você foi; nós fomos; vocês, eles/elas foram

ouvir: eu ouvi; tu ouviste; ele/ela/você ouviu; nós ouvimos; vocês, eles/elas ouviram

poder: eu pude; tu pudeste; ele/ela/você pôde; nós pudemos; vocês, eles/elas puderam

pôr: eu pus; tu puseste; ele/ela/você pôs; nós pusemos; vocês, eles/elas puseram

querer: eu quis; tu quiseste; ele/ela/você quis; nós quisemos; vocês, eles/elas quiseram

saber: eu soube; tu soubeste; ele/ela/você soube; nós soubemos; vocês, eles/elas souberam

ser: eu fui; tu foste; ele/ela/você foi; nós fomos; vocês, eles/elas foram

ter: eu tive; tu tiveste; ele/ela/você teve; nós tivemos; vocês, eles/elas tiveram

ver: eu vi; tu viste; ele/ela/você viu; nós vimos; vocês, eles/elas viram

vir: eu vim; tu vieste; ele/ela/você veio; nós viemos; vocês, eles/elas vieram

c) Imperfeito

dar: eu dava; tu davas; ele/ela/você dava; nós dávamos; vocês, eles/elas davam

dizer: eu dizia; tu dizias; ele/ela/você dizia; nós dizíamos; vocês, eles/elas diziam

estar: eu estava; tu estavas; ele/ela/você estava; nós estávamos; vocês, eles/elas estavam

fazer: eu fazia; tu fazias; ele/ela/você fazia; nós fazíamos; vocês, eles/elas faziam

haver: havia; havias; havia; havíamos; haviam
ir: eu ia; tu ias; ele/ela/você ia; nós íamos; vocês, eles/elas iam
ouvir: eu ouvia; tu ouvias; ele/ela/você ouvia; nós ouvíamos; vocês, eles/elas ouviam
poder: eu podia; tu podias; ele/ela/você podia; nós podíamos; vocês, eles/elas podiam
pôr: eu punha; tu punhas; ele/ela/você punha; nós púnhamos; vocês, eles/elas punham
querer: eu queria; tu querias; ele/ela/você queria; nós queríamos; vocês, eles/elas queriam
saber: eu sabia; tu sabias; ele/ela/você sabia; nós sabíamos; vocês, eles/elas sabiam
ser: eu era; tu eras; ele/ela/você era; nós éramos; vocês, eles/elas eram
ter: eu tinha; tu tinhas; ele/ela/você tinha; nós tínhamos; vocês, eles/elas tinham
ver: eu via; tu vias; ele/ela/você via; nós víamos; vocês, eles/elas viam
vir: eu vinha; tu vinhas; ele/ela/você vinha; nós vínhamos; vocês, eles/elas vinham

d) Mais-que-perfeito

dar: eu tinha dado; tu tinhas dado; ele/ela/você tinha dado; nós tínhamos dado; vocês, eles/elas tinham dado
dizer: eu tinha dito; tu tinhas dito; ele/ela/você tinha dito; nós tínhamos dito; vocês, eles/elas tinham dito
estar: eu tinha estado; tu tinhas estado; ele/ela/você tinha estado; nós tínhamos estado; vocês, eles/elas tinham estado
fazer: eu tinha feito; tu tinhas feito; ele/ela/você tinha feito; nós tínhamos feito; vocês, eles/elas tinham feito
haver: tinha havido
ir: eu tinha ido; tu tinhas ido; ele/ela/você tinha ido; nós tínhamos ido; vocês, eles/elas tinham ido
ouvir: eu tinha ouvido; tu tinhas ouvido; ele/ela/você tinha ouvido; nós tínhamos ouvido; vocês, eles/elas tinham ouvido
poder: eu tinha podido; tu tinhas podido; ele/ela/você tinha podido; nós tínhamos podido; vocês, eles/elas tinham podido
pôr: eu tinha posto; tu tinhas posto; ele/ela/você tinha posto; nós tínhamos posto; vocês, eles/elas tinham posto
querer: eu tinha querido; tu tinhas querido; ele/ela/você tinha querido; nós tínhamos querido; vocês, eles/elas tinham querido
saber: eu tinha sabido; tu tinhas sabido; ele/ela/você tinha sabido; nós tínhamos sabido; vocês, eles/elas tinham sabido
ser: eu tinha sido; tu tinhas sido; ele/ela/você tinha sido; nós tínhamos sido; vocês, eles/elas tinham sido
ter: eu tinha tido; tu tinhas tido; ele/ela/você tinha tido; nós tínhamos tido; vocês, eles/elas tinham tido
ver: eu tinha visto; tu tinhas visto; ele/ela/você tinha visto; nós tínhamos visto; vocês, eles/elas tinham visto
vir: eu tinha vindo; tu tinhas vindo; ele/ela/você tinha vindo; nós tínhamos vindo; vocês, eles/elas tinham vindo

e) Futuro

dar: eu darei; tu darás; ele/ela/você dará; nós daremos; vocês, eles/elas darão
dizer: eu direi; tu dirás; ele/ela/você dirá; nós diremos; vocês, eles/elas dirão
estar: eu estarei; tu estarás; ele/ela/você estará; nós estaremos; vocês, eles/elas estarão

fazer: eu farei; tu farás; ele/ela/você fará; nós faremos; vocês, eles/elas farão

haver: haverei, haverás, haverá, haveremos, haverão

ir: eu irei; tu irás; ele/ela/você irá; nós iremos; vocês, eles/elas irão

ouvir: eu ouvirei; tu ouvirás; ele/ela/você ouvirá; nós ouviremos; vocês, eles/elas ouvirão

poder: eu poderei; tu poderás; ele/ela/você poderá; nós poderemos; vocês, eles/elas poderão

pôr: eu porei; tu porás; ele/ela/você porá; nós poremos; vocês, eles/elas porão

querer: eu quererei; tu quererás; ele/ela/você quererá; nós quereremos; vocês, eles/elas que-rerão

saber: eu saberei; tu saberás; ele/ela/você saberá; nós saberemos; vocês, eles/elas saberão

ser: eu serei; tu serás; ele/ela/você será; nós seremos; vocês, eles/elas serão

ter: eu terei; tu terás; ele/ela/você terá; nós teremos; vocês, eles/elas terão

ver: eu verei; tu verás; ele/ela/você verá; nós veremos; vocês, eles/elas verão

vir: eu virei; tu virás; ele/ela/você virá; nós viremos; vocês, eles/elas virão

2. CONJUNTIVO (bras.: subjuntivo)

Presente

dar: eu dê; tu dês; ele/ela/você dê; nós dêmos; vocês, eles/elas deem

dizer: eu diga; tu digas; ele/ela/você diga; nós digamos; vocês, eles/elas digam

estar: eu esteja; tu estejas; ele/ela/você esteja; nós estejamos; vocês, eles/elas estejam

fazer: eu faça; tu faças; ele/ela/você faça; nós façamos; vocês, eles/elas façam

haver: haja; hajas; haja; hajamos, hajam

ir: eu vá; tu vás; ele/ela/você vá; nós vamos; vocês, eles/elas vão

ouvir: eu ouça; tu ouças; ele/ela/você ouça; nós ouçamos; vocês, eles/elas ouçam

poder: eu possa; tu possas; ele/ela/você possa; nós possamos; vocês, eles/elas possam

pôr: eu ponha; tu ponhas; ele/ela/você ponha; nós ponhamos; vocês, eles/elas ponham

querer: eu queira; tu queiras; ele/ela/você queira; nós queiramos; vocês, eles/elas queiram

saber: eu saiba; tu saibas; ele/ela/você saiba; nós saibamos; vocês, eles/elas saibam

ser: eu seja; tu sejas; ele/ela/você seja; nós sejamos; vocês, eles/elas sejam

ter: eu tenha; tu tenhas; ele/ela/você tenha; nós tenhamos; vocês, eles/elas tenham

ver: eu veja; tu vejas; ele/ela/você veja; nós vejamos; vocês, eles/elas vejam

vir: eu venha; tu venhas; ele/ela/você venha; nós venhamos; vocês, eles/elas venham

3. CONDICIONAL

dar: eu daria; tu darias; ele/ela/você daria; nós daríamos; vocês, eles/elas dariam

dizer: eu diria; tu dirias; ele/ela/você diria; nós diríamos; vocês, eles/elas diriam

estar: eu estaria; tu estarias; ele/ela/você estaria; nós estaríamos; vocês, eles/elas estariam

fazer: eu faria; tu farias; ele/ela/você faria; nós faríamos; vocês, eles/elas fariam

haver: haveria, haverias, haveria, haveríamos, haveriam

ir: eu iria; tu irias; ele/ela/você iria; nós iríamos; vocês, eles/elas iriam

ouvir: eu ouviria; tu ouvirias; ele/ela/você ouviria; nós ouviríamos; vocês, eles/elas ouviriam

poder: eu poderia; tu poderias; ele/ela/você poderia; nós poderíamos; vocês, eles/elas pode-riam *(meistens durch das Imperfekt ersetzt: podia usw.)*.

pôr: eu poria; tu porias; ele/ela/você poria; nós poríamos; vocês, eles/elas poriam

querer: eu quereria; tu quererias; ele/ela/você quereria; nós quereríamos; vocês, eles/elas que-reriam *(meistens durch das Imperfekt ersetzt: queria usw.)*.

saber: eu saberia; tu saberias; ele/ela/você saberia; nós saberíamos; vocês, eles/elas saberiam

ser: eu seria; tu serias; ele/ela/você seria; nós seríamos; vocês, eles/elas seriam

ter: eu teria; tu terias; ele/ela/você teria; nós teríamos; vocês, eles/elas teriam
ver: eu veria; tu verias; ele/ela/você veria; nós veríamos; vocês, eles/elas veriam
vir: eu viria; tu virias; ele/ela/você viria; nós viríamos; vocês, eles/elas viriam

4. IMPERATIVO

dar: dá, dê, deem (afirmativa); não dês, não dê, não deem (negativa)
dizer: diz, diga, digam (afirmativa); não digas, não diga, não digam (negativa)
estar: está, esteja, estejam (afirmativa); não estejas, não esteja, não estejam (negativa)
fazer: faz, faça, façam (afirmativa); não faças, não faça, não façam (negativa)
haver: haja (afirmativa); não haja (negativa)
ir: vai, vá, vão (afirmativa); não vás, não vá, não vão (negativa)
ouvir: ouve, ouça, ouçam (afirmativa); não ouças, não ouça, não ouçam (negativa)
pôr: põe, ponha, ponham (afirmativa); não ponhas, não ponha, não ponham (negativa)
querer: quer, queira, queiram (afirmativa); não queiras, não queira, não queiram (negativa)
saber: sabe, saiba, saibam (afirmativa); não saibas, não saiba, não saibam (negativa)
ser: sê, seja, sejam (afirmativa); não sejas, não seja, não sejam (negativa)
ter: tem, tenha, tenham (afirmativa); não tenhas, não tenha, não tenham (negativa)
ver: vê, veja, vejam (afirmativa); não vejas, não veja, não vejam (negativa)
vir: vem, venha, venham (afirmativa); não venhas, não venha, não venham (negativa)

5. GERÚNDIO

dar: dando
dizer: dizendo
estar: estando
fazer: fazendo
haver: havendo
ir: indo
ouvir: ouvindo
poder: podendo
pôr: pondo
querer: querendo
saber: sabendo
ser: sendo
ter: tendo
ver: vendo
vir: vindo

6. PARTICÍPIOS IRREGULARES

abrir: aberto
descobrir: descoberto
dizer: dito
escrever: escrito
fazer: feito
pôr: posto
ver: visto
vir: vindo

Das Abenteuer eines Regentropfens.
A Aventura de um Pingo de Chuva
Text- und Übungsheft mit CD
für den Portugiesisch-Unterricht

Von Glória de Oliveira Frank

2014. 8°. br., 32 S., 8 Farbabb., incl. Audio CD,
(978-3-95490-027-5)

Es handelt sich um eine unterhaltsame, zweisprachige, kurze Geschichte, die viel mehr als eine Lektüre ist. Die Geschichte ist in gleicher Weise für VHS-Lernende wie für Gymnasiasten gedacht. Das Buch kann sowohl im Gruppenunterricht mit Lehrer als auch im Selbststudium benutzt werden. Im Unterricht lädt es zu lebendigen Konversationen, u. a. zu Diskussionen über aktuelle Themen ökologischer und landeskundlicher Art ein, denn die Story ist in einer reellen Landschaft integriert, Nordportugal / Portweingebiet, einer intakten Natur. Die kleine Geschichte bietet außerdem eine große Vielzahl an Übungen zum Leseverständnis, Textverständnis, Wortschatz und zur Grammatik, sowie einen Abschlusstest mit Lösungen, zusätzliche regelmäßige und unregelmäßige Verbtabellen und eine Audio-CD, die ein abwechslungsreiches Selbststudium ermöglichen, an.

Zum Inhalt: Der Leser geht auf Abenteuerreise mit einem Regentropfen, der ihm Einblick in einige Facetten der portugiesischen Seele gewährt: In einem Wechselspiel zwischen Abenteuerlust und Heimweh/Sehnsucht *saudade*, Freiheitsdrang und solidem Familienleben siegt am Ende das Familienglück. Das ermutigt zum nächsten Abenteuer.